빠표

영어구단

+파닉스

1

명사

★ 시작하기 전에

아이에게 가장 좋아하는 물건을 물어보고,
그것이 한 개일 때와 여러 개일 때를
하루~일주일 동안 수시로 반복해서 물어보세요.

예시) 좋아하는 것: 체리
체리가 하나면?: a cherry (어 체뤼)
체리가 여러개면?: cherries (체뤼ㅈ)

함께 고생한 딸
루나에게 감사드립니다

책을 집필할 수 있도록
다하를 봐주신 부모님과
어린이집 선생님들께 감사드립니다

대답할 때까지 충분히 기다려주세요.

아이와 함께하는 즐거운 시간에 집중해주세요.

Miklish

1 소녀는 girl이야. (따라 해봐 girl)
2 소녀가 (영어로) 뭐지?
3 영어에서는 한 명이나 한 개일 때는 앞에 'a'를 붙여. 한 소녀는 a girl이야. (따라 해봐 a girl)

⁴소녀가 한 명이면?

g ㄱ보다 목이 많이 울린다.

a girl

⁶ 소녀가 **여러 명**이면?

g: ㄱ보다 목이 많이 울린다.

girls

1 이름은 name이야. (따라 해봐 name)
2 이름이 (영어로) 뭐지?

³이름이 **한 개면?**

n: ㄴ보다 코가 많이 올린다

a name

가=gㅏ   나 = n ㅏ   ㄷ=ㅓ   ㄹ=ㅏ   ㅁ ㅁ   ㅂ=bㅏ   ㅅ=ㅏ

⁴이름이 **여러 개면?**

n: ㄴ보다 코가 많이 울린다.

names

1 아빠는 dad이야. (따라 해봐 dad)
2 아빠가 (영어로) 뭐지?

³아빠가 **한 명**이면?

d: 혀와 잇몸의 안쪽 딱딱한 부분(치경)에서 소리 낸다. 치아에는 혀가 닿지 않는다

(a) dad

가 =ㄱ ㅏ   나 =ㄴ ㅏ   다 = d ㅏ   라 =ㄹ ㅏ   마 =ㅁ ㅏ   바 =ㅂ ㅏ   사 =ㅅ ㅏ

⁴아빠가 **여러 명**이면?

d: 혀와 잇몸의 안쪽 딱딱한 부분(치경)에서 소리 낸다. 치아에는 혀가 닿지 않는다.

dads

1 빛은 light이야. (따라 해봐 light)
2 빛이 (영어로) 뭐지?
3 빛은 셀 수 있을까?

³빛이 한 개면?

셀 수 없는 것에는 'a-'나 '-s'를 붙이지 않아.

l: '을'로 시작해서 'ㄹ'을 소리 낸다.

light

가 = gㅏ   나 = nㅏ   다 = dㅏ   라 = lㅏ   마 = mㅏ   바 = bㅏ   사 = sㅏ

⁴빛이 여러 개면?

I: '을'로 시작해서 'ㄹ'을 소리 낸다.

light

아=ㅏ   쟈=zㅏ   챠=chㅏ   캬=kㅏ   탸=tㅏ   퍄=pㅏ   햐=hㅏ   11

1 엄마는 mom이야. (따라 해봐 mom)
2 엄마가 (영어로) 뭐지?

³엄마가 한 명이면?

m: ㅁ보다 코가 많이 울린다.

(a) mom

ㄱ=g ㄴ=n ㄷ=d ㄹ=l 마 = m ㅏ ㅂ=b ㅅ=s

⁴엄마가 **여러 명**이면?

m: ㅁ보다 ㅋ가 많이 울린다.

moms

1 책은 book이야. (따라 해봐 book)
2 책이 (영어로) 뭐지?

³ 책이 **한 권**이면?

b 보다 강하게 소리 낸다.

a book

14 가=gㅏ 나=nㅏ 다=dㅏ 라=rㅏ 마=mㅏ 바 = bㅏ 사=sㅏ

⁴ 책이 **여러 권**이면?

b: ㅂ보다 강하게 소리 낸다.

books

1 학교는 school이야. (따라 해봐 school)
2 학교가 (영어로) 뭐지?

³학교가 **한 개면?**

s: ㅅ과 ㅆ의 중간 대부분 ㅆ에 가깝지만, 강세가 없으면 ㅅ.

a school

가=ㄱㅏ   나=ㄴㅏ   다=ㄷㅏ   라=ㄹㅏ   마=ㅁㅏ   바=ㅂㅏ   사 = s ㅏ

학교가 **여러 개면?**

s: ㅅ과 ㅆ의 중간. 대부분 ㅆ에 가깝지만, 강세가 없으면 ㅅ.

schools

1 눈은 eye이야. (따라 해봐 eye)
2 눈이 (영어로) 뭐지?

³눈이 한 개면?

eye는 a와 비슷한 발음(모음)으로 시작하니까 잘 안들려서 an(언)을 사용해. (따라 해봐 an eye)

발음기호에서는 a가 '야'지만, 알파벳 o에서 더 자주 '아'로 소리 난다.

an eye

⁴눈이 여러 개면?

발음기호에서는 a가 '아'지만, 알파벳 o에서 더 자주 '아'로 소리 난다.

1 얼룩말은 zebra이야. (따라 해봐 zebra)
2 얼룩말이 (영어로) 뭐지?

³얼룩말이 **한 마리면?**

z: 한글의 ㅈ보다 부드럽게 소리 낸다.

a zebra

가ㄱ 나ㄴ 다ㄷ 라ㄹ 마ㅁ 바ㅂ 사ㅅ

⁴얼룩말이 **여러 마리면?**

z: 한글의 ㅈ보다 부드럽게 소리 낸다.

z e b r a s

1 어린이는 child야. (따라 해봐 child)
2 어린이가 (영어로) 뭐지?
³ 어린이가 **한 명이면?**

ch(발음기호는 tʃ) 입 모양을 '위'를 하고 'ㅊ'을 소리 낸다.

a child

4 어린이는 여러 명일 때 childs라고 안 하고 children이라고 해. (따라 해봐 children)

⁵ 어린이가 **여러 명**이면?

ch(발음기호는 tʃ): 입 모양을 '위'를 하고 'ㅊ'을 소리 낸다.

child**ren**

자녀의 사진을 보내주시면
<아빠표 영어구구단 1단 또는 9단>에
넣어 드립니다.
선착순 32명.
이벤트 참여 주소: **goo.gl/g5ts1k**

아 = ? ㅏ   자 = z ㅏ   **차 = ch ㅏ**   카 = k ㅏ   타 = t ㅏ   파 = p ㅏ   하 = h ㅏ   23

1 자동차는 car야. (따라 해봐 car)
2 자동차가 (영어로) 뭐지?

³자동차가 **한 대면?**

c(발음기호는 k): ㅋ보다 목 안쪽(목젖에 가까운)에서 소리 낸다

a car

⁴자동차가 **여러 대면?**

c(발음기호는 k): ㅋ보다 목 안쪽(목젖에 가까운)에서 소리 낸다

cars

아=ㅏ　자=ㅈㅏ　차=chㅏ　카=kㅏ　타=ㅌㅏ　파=pㅏ　하=hㅏ　25

1 시간은 time이야. (따라 해봐 time)
2 시간이 (영어로) 뭐지?
3 시간은 셀 수 있을까?

³시간이 **한 개**면?

시간은 물처럼 흘러가기 때문에 셀 수 없어.

t: ㅌ보다 치아에 가까운 데서(치경) 소리 낸다.

time

가 = gㅏ   나 = nㅏ   다 = dㅏ   라 = lㅏ   마 = mㅏ   바 = bㅏ   사 = sㅏ

⁴ 시간이 **여러 개면?**

t: ㅌ보다 치아에 가까운 데서(치경) 소리 낸다.

†ime

아 = ? ㅏ　　자 = zㅏ　　차 = chㅏ　　카 = kㅏ　　　타 = tㅏ　　파 = pㅏ　　하 = hㅏ　27

1 사람은 person이야. (따라 해봐 person)
2 사람이 (영어로) 뭐지?

³ 사람이 **한 명**이면?

p: ㅍ보다 강하게 소리 낸다.

a person

가=ga 나=na 다=da 라=ra 마=ma 바=ba 사=sa

5 사람이 **여러 명**이면?

p: ㅍ보다 강하게 소리 낸다.

people

아 = ? ㅏ   자 = z ㅏ   차 = ch ㅏ   캬 = k ㅑ   타 = t ㅏ   파 = p ㅏ   하 = h ㅏ

1 집은 house야. (따라 해봐 house)
2 집이 (영어로) 뭐지?

³집이 한 채면?

h. ㅎ보다 목 안쪽에서 소리 낸다.

a house

가 = ga   나 = na   다 = da   라 = ra   마 = m   바 = b   사 = s